Dankbarkeit leben

Sri Mata Amritanandamayi

Dankbarkeit leben

Sri Mata Amritanandamayi

Zusammengefasst von Swami Jnanamritananda Puri
Englische Übersetzung Rajani Menon

Veröffentlicht von:
Mata Amritanandamayi Center
P.O. Box 613
San Ramon, CA 94583-0613
Vereinigte Staaten

Copyright © 2025
Mata Amritanandamayi Mission Trust,
Amritapuri, Kollam Dt, Kerala, Indien 690546

Alle Rechte vorbehalten. Kein Teil dieses Buches, ausgenommen für kurze Besprechungen, darf ohne schriftliche Erlaubnis des Herausgebers reproduziert, in Abrufsystemen gespeichert oder in irgendeiner Form – elektronisch, mechanisch, fotokopiert, aufgezeichnet oder anderweitig – weitergeleitet werden.

International: www.amma.org

In Deutschland: www.amma.de

In der Schweiz: www.amma-schweiz.ch

Dankbarkeit leben

Sri Mata Amritanandamayi

Mata Amritanandamayi Center
San Ramon, Kalifornien, Vereinigte Staaten

Einführung

In der Atharva-Veda gibt es ein wunderschönes Mantra, das die untrennbare Verbindung zwischen uns und Mutter Erde hervorhebt:

> *mātā bhūmiḥ putrōham pṛthivyāḥ*
> Die Erde ist meine Mutter und ich bin ihr Kind.
>
> (2.12.1.12)

Als Kinder von Mutter Erde ist es unser Dharma (Pflicht), sie zu lieben und ihr zu dienen. Das ethische Prinzip, die Erde zu schützen und ihre Ressourcen zu bewahren, prägt die Kultur von Sanātana Dharma[1]. So wie die Mutter, die uns das Leben schenkte, uns neun Monate lang in ihrem Schoß trug, so trägt uns Mutter Erde für alle Zeit in ihrem Schoß, beschützt und nährt uns. Aber erfüllen wir auch unser Dharma,

---
[1] Wörtlich „Ewige Religion" oder „Ewiger Lebensweg", der ursprüngliche und traditionelle Name des Hinduismus.

unsere Pflicht als ihre Kinder? Wenn das Kind im Mutterleib die Mutter verletzt, schadet es letztendlich sich selbst, da es ein Teil von ihr ist. Genauso sind die Probleme, die wir heute erleben, eine Folge unseres unsachgemäßen Umgangs mit der Natur.

Dennoch verzeiht uns Mutter Natur, die Verkörperung der Liebe, geduldig all unsere Fehler und beschützt uns weiterhin. Denken wir jemals an sie? Folgen wir dem Beispiel unserer Vorfahren, die die Natur schützten? Zumindest jetzt sollten wir bereit sein, unsere Fehler zu korrigieren. Diese Sammlung von Ammas Vorträgen erinnert uns an die Notwendigkeit, Mutter Natur gegenüber dankbar zu sein und gibt praktische Hinweise, wie wir die Natur pflegen und schützen können.

Herausgeber

„Die Natur ist Kāmadhēnu – die göttliche, wunscherfüllende Kuh, die allen Wohlstand schenkt. Doch in unserer Zeit gleicht sie einer kranken Kuh, deren Euter ausgetrocknet sind und die dem Tod nahe ist. Die Wälder der Erde sind geschrumpft. Nahrung wird immer knapper. Reine Luft und sauberes Wasser sind kaum noch verfügbar. Krankheiten nehmen zu. Würden wir nur so viel von der Natur nehmen, wie wir für unser Überleben brauchen – nichts mehr und nichts weniger, gäbe es genug Nahrung, Wasser und Kleidung für alle. Die Natur würde ihre Lebenskraft zurückgewinnen und wieder zu Kāmadhēnu werden."

– Amma

Dankbarkeit leben

In Dankbarkeit leben für all die Gaben der Natur. Die Mutter, die uns geboren hat, mag uns höchstens die ersten zwei oder drei Jahre in ihrem Schoß halten. Aber Mutter Erde trägt unser Gewicht ein Leben lang. Unser Körper stammt von dieser Erde und selbst, wenn wir sie bespucken oder mit Füßen treten, segnet sie uns weiterhin liebevoll. Wir ernähren uns von den Gaben, die die Erde im Überfluss schenkt. Selbst die Muttermilch, die wir als Säuglinge tranken, kam von Mutter Erde, denn die Nahrung, die unsere Mütter nährte, kam von ihr. Dank dieser Nahrung konnte sie uns mit Muttermilch versorgen. Deshalb sind wir Mutter Erde noch mehr verpflichtet als der Mutter, die uns geboren hat. Sollten wir ihr nicht stets dankbar sein?

Sanātana Dharma verehrt die Sonne, den Mond, die Bäume, die Pflanzen, die Vögel, die Tiere, die Erde und alles, was dazugehört und sieht alles als göttlich an. In Wahrheit ist die

Sri Mata Amritanandamayi

Verehrung nichts anderes als ein Ausdruck tiefer Dankbarkeit für das Gute, das die Natur der Menschheit schenkt.

Jeden Morgen blicken viele Menschen zur Sonne, verbeugen sich vor ihr und beten. Sie rezitieren das Āditya Hṛidaya.[2] Einige fragen sich: „Ist das nicht altmodisch? Warum zur Sonne beten?"

Sind wir uns der Tatsache bewusst, dass das Leben auf diesem Planeten nur dank der Sonne möglich ist? Von ihrem Licht erhalten wir Vitamin D, das für starke Knochen und Muskeln unerlässlich ist. Ärzte raten uns, täglich einige Zeit in der Sonne zu verbringen, um gesund zu bleiben. Sonnenlicht stimuliert unser Gehirn, hilft uns, Erinnerungen zu bilden und Informationen zu behalten. In vielen Ländern mit wenig Sonnenlicht treten Depressionen öfter auf und auch die Selbstmordrate ist höher.

Krankheiten verbreiten sich, wenn die Sonnenwärme nachlässt und das kalte Wetter einsetzt. In Kerala regnet es im Monat Karkkiṭaka[3]

---

[2] Herz des Sonnengottes", eine Hymne zur Verherrlichung der Sonne.

[3] Der letzte Monat im malaiischen Kalender, der ungefähr mit dem Zeitraum von Juli bis August zusam-

Dankbarkeit leben

stark, dunkle Wolken bedecken die Sonne und das Sonnenlicht wird rar. In dieser Zeit treten vermehrt Magen-Darm-Erkrankungen und Seuchen auf. Dies zeigt, wie lebensnotwendig die Sonne für uns ist.

Die Sonne hat nichts von unserer Verehrung – wir jedoch profitieren von der Sonne. Was ist also falsch daran, die Sonne als eine nährende, schützende Manifestation des Göttlichen zu betrachten? Gibt es einen Ort, an dem Gott nicht ist? Wenn uns jemand ein heruntergefallenes Objekt aufhebt und zurückgibt, danken wir ihm. Wenn wir in keinerlei Form dankbar sind, deutet das nicht auf einen Mangel an Dankbarkeit und innerer Verfeinerung hin? Warum vergessen wir das?

Selbst die kleinste Knospe in einem dichten Wald blüht nur dank des Sonnenlichts. Ohne Sonnenlicht und Wärme gäbe es kein Leben auf der Erde. Ein dankbares Herz wird die Sonne mit Ehrfurcht betrachten.

Früher wurde vor jedem hinduistischen Haus Tulasī (heiliges Basilikum) angepflanzt. Nach dem morgendlichen Bad gossen die Familienmit-

---

menfällt. In der Regel markiert er den Höhepunkt des Monsuns.

Sri Mata Amritanandamayi

glieder die Pflanze, umrundeten sie ehrfürchtig und tranken ein paar Tropfen des Wassers, in dem Tulasī-Blätter eingelegt waren.

Tulasī ist eine Heilpflanze. Bei einer Erkältung empfahlen die Ältesten in der Familie, Wasser mit Tulasī-Blättern zu kochen und zu trinken. Tulasī stärkt das Immunsystem und wirkt gegen viele Krankheiten. Warum also die Praxis der Tulasī-Umrundung hinterfragen? Diese Ehrfurcht ist ein Ausdruck des Dankes – nicht nur gegenüber Tulasī, sondern gegenüber allen Pflanzen, die gleichermaßen Nahrung und Medizin sind.

Auch der heilige Bilva-Baum (Aegle marmelos oder Steinapfel) wird in der hinduistischen Tradition geehrt. Seine Blätter und Früchte besitzen ebenfalls einen hohen medizinischen Wert. Das in Tempeln als Prasād verteilte heilige Weihwasser ist oft mit Tulasī- und Bilva-Blättern angereichert. Ein paar Tropfen dieses Wassers täglich zu trinken, stärkt unsere Abwehrkräfte.

Unsere Vorfahren zeichneten jeden Morgen Kōlams – Boden-Dekorationen aus Reismehl; und auch heute gibt es Menschen, die dies tun. Es ist nicht einfach nur eine Verzierung, sondern auch ein Bhūta Yajña, eine rituelle Nahrungsop-

Dankbarkeit leben

fergabe. Kleine Insekten fressen das Reismehl. Auf diese Weise halten wir sie davon ab, in unsere Küchen und Vorratsräume einzudringen. Da diese Lebewesen eine wichtige Rolle bei der Reinigung unserer Umgebung spielen, können wir das Zeichnen eines Kōlams als Geste der Dankbarkeit betrachten.

In der Tat ist jede traditionelle Praxis im Sanātana Dharma ein Akt des Dankes für die Hilfe, die uns die verschiedenen Lebewesen der Natur zuteil werden lassen. Die ganze Natur gibt uns unermesslich viel mehr, als wir ihr zurückgeben können. Deshalb sollten wir diese Rituale als einen Akt der Liebe und des Dienstes an allen Wesen betrachten.

Gegen Undankbarkeit hilft nichts

Falsches Handeln können wir durch gute Taten wiedergutmachen. Aber nichts kann Undankbarkeit wiedergutmachen. Zeigen wir keine Dankbarkeit für die Wohltaten der Natur, müssen wir mit Konsequenzen rechnen. Es ist wichtig, für alles dankbar zu sein – sei es klein oder groß. Die Dankbarkeit unserer Vorfahren für die Fülle der Natur finden wir in den Ritualen wieder. Jedes dieser traditionellen Rituale

Sri Mata Amritanandamayi

hat ein bestimmtes Ziel. Keine Verehrung ist bedeutungslos. Langfristig profitieren jene, die diese Rituale einhalten, am meisten davon.

In den Gurukulas Indiens (Bhārat) wurden regelmäßig Friedens-Mantren (Śhānti-Mantras) rezitiert. Eines davon lautet:

> *ōm sarvē bhavantu sukhinaḥ*
> *sarvē santu nirāmayāḥ*
> *sarvē bhadrāṇi paśyantu*
> *mā kaścid duḥkha-bhāg bhavēt*
> *ōm śāntiḥ śāntiḥ śāntiḥ*
>
> Mögen alle in Frieden leben. Möge niemand krank sein. Möge jeder nur das Glückliche sehen. Möge niemand leiden. Frieden, Frieden, Frieden!⁴

Unsere Vorfahren beteten nicht: „Möge nur ich profitieren" oder „Möge nur unsere Gemeinschaft gedeihen." Ihr Mitgefühl galt nicht allein der Menschheit. Im Gegenteil, sie beteten für das

---

⁴ Frieden" wird dreimal wiederholt, um auf die Befreiung von drei Arten von Leiden hinzuweisen: *Adhyātmika* (körperliche Leiden und mentale Leiden), *Adhibhautika* (Leiden die von anderen verursacht wurden) und *Adhidaivika* (durch Zeit, Natur und Schicksal verursachte Leiden).

Dankbarkeit leben

Wohlergehen aller Lebewesen. Sie wussten, dass das Glück der Menschen untrennbar mit der Harmonie der gesamten Natur verbunden ist. Nur wenn diese Harmonie besteht, kann auch der Mensch überleben.

Verehrung und Respekt

Im Sanātana Dharma sind Schöpfer und Schöpfung nicht voneinander getrennt. Göttliches Bewusstsein durchdringt alles. Wir verehren Tiere, Vögel, die Sonne, Berge und Flüsse nicht als getrennte Wesen, sondern wir verehren den einen Gott, der in allem wohnt. Im Universum gibt es nichts anderes als Gott; nichts ist von ihm getrennt. Wer den praktischen Nutzen dieser Verehrung nicht erkennt, nennt sie abschätzig „primitiv".

Amma erinnert sich an ihre Kindheit. Sie ist in dem Dorf Alappad geboren und aufgewachsen, das zwischen dem Ozean und den Backwaters liegt. Damals war das Wasser der Backwaters sauberer, die Menschen badeten dort. Auch Amma hat das getan, als sie ein Kind war. Damayanti-Amma (Ammas Mutter) ermahnte sie immer: „Uriniere nicht ins Wasser. Der Fluss ist Dēvī (Göttin)." Diese Worte prägten sich Amma

Sri Mata Amritanandamayi

ein und selbst wenn sie beim Baden im kalten Wasser den Drang verspürte, konnte sie ihn unterdrücken. Denn diese Worte ihrer Mutter wirkten wie ein Schalter. Davon profitiert nicht der Fluss, sondern diejenigen, die darin baden oder schwimmen. Verschmutztes Wasser birgt Gesundheitsrisiken. Deshalb darf man in einem Schwimmbad keine schmutzige Kleidung tragen, da dies das Wasser verunreinigen würde. Diejenigen, die in einem verschmutzten Schwimmbad baden, könnten krank werden. Tatsächlich sind Ohrenentzündungen eine der häufigsten durch Wasser übertragenen Krankheiten.

Unsere Vorfahren lehrten uns, Gewässer als heilig zu betrachten und sie zu unserem eigenen Wohl rein zu halten. Die Schöpfung soll ja aus dem Wasser entstanden sein. Können wir ohne Wasser überleben? Wie können wir ohne Wasser die Lebensmittel anbauen, die wir essen? Die großen Zivilisationen der Menschheit entstanden entlang von Flüssen. Indem wir Flüsse verehren, danken wir ihnen für ihre lebensspendenden Gaben.

Manche Leute machen sich über uns lustig und sagen: „Ihr verehrt sogar Bäume?" In der Tat ist es wahr, dass Bäume im Sanātana Dhar-

Dankbarkeit leben

ma verehrt werden. Wenn wir bedenken, was Bäume alles für uns tun, können wir gar nicht anders, als uns vor ihnen zu verneigen.

In Ernakulam wurde Müll auf einer Insel nahe des AIMS[5]-Krankenhauses entsorgt. Obwohl die Insel im Rahmen der Amala Bharatam-Kampagne[6] gründlich gereinigt wurde, ergaben Tests, dass der Boden dort stark toxisch war. Wir pflanzten daraufhin Rāmaccam (Vetiver) und Bäume auf der Insel. Nach drei Jahren testeten wir den Boden erneut. Diesmal war der Boden frei von Giften. Wissenschaftliche Fachzeitschriften haben Abhandlungen veröffentlicht, die belegen, wie die Wurzeln der Bäume verseuchte Böden reinigen. Bäume und Pflanzen sind dort erfolgreich, wo Technik und menschliche Bemühungen versagen. Einer der Gründe, warum wir Pflanzen und Bäume verehren, ist also, dass sie die Erde reinigen.

Wie die Bäume tragen auch viele andere Lebewesen zur Reinigung der Luft bei. Der Wal spielt dabei eine wichtige Rolle. Wir wissen, dass

---

[5] Amrita Institute of Medical Sciences.
[6] Eine Kampagne, die Amma 2010 ins Leben gerufen hat, um Indiens öffentliche Plätze und nationale Autobahnen zu reinigen.

Sri Mata Amritanandamayi

Bäume Kohlendioxid absorbieren und Sauerstoff in die Atmosphäre abgeben und sie so reinigen. Ein einziger Wal produziert so viel Sauerstoff wie viele Bäume. Nicht nur das: Wale binden riesige Mengen Kohlendioxid in ihren Körpern, wenn sie sterben nehmen sie diese mit auf den Meeresgrund. Sollten wir die Wale nicht verehren? Wissenschaftler sind sich heute der entscheidenden Rolle bewusst, die Meeresmikroorganismen bei der Freisetzung von Sauerstoff in die Atmosphäre spielen. Wenn der Sauerstoff in der Atmosphäre aufgebraucht wird, wird die Erde unbewohnbar.

In Kollam gab es einen sehr tiefen Brunnen. Vier Männer stiegen in den Brunnen hinab, um ihn zu reinigen und starben, weil sie giftige Luft einatmeten. In den Tiefen des Brunnens gab es keinen Sauerstoff. Wir können frische Luft atmen und auf der Erde leben, weil es eine Vielzahl von Lebensformen gibt. Aber machen wir uns überhaupt einmal in unserem Leben Gedanken über sie? Wäre es nicht schade, wenn wir ihnen nicht von ganzem Herzen dankbar sind? Können wir ihnen nicht wenigstens unsere mentale Verbeugung darbringen?

Dankbarkeit leben

Leider führt unsere Gier dazu, dass viele Tier- und Pflanzenarten aussterben. Wir setzen Pestizide ein, um unsere Ernten vor Schädlingen zu schützen, die sich nur aus Hunger daran bedienen. Doch während diese Tiere lediglich ihrem Überleben nachgehen, zerstören wir aus bloßer Gier die Natur. Ist es da nicht treffend, den Menschen als den gefährlichsten „Schädling" der Erde zu betrachten?

Manchmal beleidigen wir jemanden, indem wir sagen: „Du bist genau wie ein Hund!" Dabei haben Hunde Fähigkeiten, die uns fehlen. Ihr Geruchssinn ist weitaus schärfer als unserer, weshalb sie von der Polizei eingesetzt werden, um Drogen und Verbrecher aufzuspüren. Genauso hat Gott jede Spezies mit einzigartigen Eigenschaften gesegnet. Deshalb sollten wir jedes Wesen in der Schöpfung verehren.

Im Sanātana Dharma genießen Berge hohe Verehrung. Sie zwingen die Luft aufzusteigen und abzukühlen. Durch die Abkühlung kondensiert der Wasserdampf und Regen fällt. Die kleinen Bäche, die von den Bergen hinabfließen, bilden nach und nach Flüsse. An den Berghängen wachsen zahlreiche Heilpflanzen. Die Berge dienen der Menschheit also in vielerlei Hinsicht.

Sri Mata Amritanandamayi

Indem wir sie verehren, danken wir ihnen für ihre großzügige Hilfe.

Früher wurden Ochsen zum Pflügen der Felder eingesetzt. Auch für den Transport von Waren wurden Ochsenkarren verwendet. Menschen trinken Kuhmilch und verzehren verschiedene Milchprodukte. Die Milch einer einheimischen Kuh ist der ideale Muttermilchersatz. Viele Menschen bestreiten ihren Lebensunterhalt mit nur einer Kuh. Wir füttern Kühe mit Heu, Reishülsen und Reiswasser. Im Gegenzug schenken sie uns etwas, das unvergleichlich wertvoller ist. Weil wir das wissen, verehren wir die Kuh als Mutter - Gō-Mātā. Kāmadhēn, Kalpavṛkṣa, Nandi und Garuḍa sind allesamt göttliche Symbole unserer Verehrung für alle Wesen der Schöpfung.[7]

Nichts in der Natur ist unbedeutend

In der Natur gibt es nichts Unwichtiges. Wenn der Motor eines Flugzeugs eine Störung hat, kann es nicht abheben. Schon eine fehlende

---

[7] Kāmadhēnu ist eine mythische wunscherfüllende Kuh. Kalpavṛkṣa ist ein mythischer wunscherfüllender Baum. Nandi, der Stier, ist das Gefährt von Lord Śiva. Garuḍa, der Adler, ist das Gefährt von Lord Viṣṇu.

Dankbarkeit leben

Schraube kann die Sicherheit eines Fluges gefährden. Genauso ist nichts in der Natur unbedeutend. Wir sollten nichts geringschätzen oder verachten, nur weil es klein erscheint.

Das Erste, was wir nach dem Aufwachen tun sollten, ist, uns zu bücken und Bhūmīdēvī, die Göttin der Erde, ehrfürchtig zu berühren. Diese Geste kommt letztlich uns selbst zugute. Sich zu verbeugen ist eine einfache Übung, die den Körper nach stundenlangem Schlaf dehnt und die Durchblutung fördert. Beginnen wir unseren Tag mit dem Bewusstsein, dass die Natur, die uns beschützt und liebt, unsere Mutter ist, so stimmen sich alle Kräfte der Natur wohlwollend auf uns ein. Gott braucht nichts von uns. Die Sonne benötigt kein Kerzenlicht, um ihren Weg zu erleuchten.

Ayurvedische Heilmittel werden aus einer Mischung verschiedener Kräuter hergestellt. Zum Beispiel wird das Öl, das viele Menschen in Indien vor dem Baden auf ihren Körper auftragen, aus einer Vielzahl von Zutaten zubereitet – darunter Chandan (Sandelholz), Raktachandan (rotes Sandelholz), Veḷḷakoṭṭam (indischer Costus), Devatāram (Zeder), Añjana-kallu (Surmasten), Pacca-karpūram (natürliches Kampfer)

Sri Mata Amritanandamayi

und Kayyōnni nīru (Saft der Bhriṅgarāj-Blume). Es handelt sich nie um einen einzelnen Wirkstoff, sondern immer um eine ausgewogene Mischung. Ebenso ist die Natur nicht auf eine einzige Spezies beschränkt, sondern umfasst Vögel, Tiere, Insekten, Wasserlebewesen und Menschen. Es ist das Gesetz der Natur, dass ein Tier für ein anderes zur Nahrung wird. So stellt die Natur sicher, dass sich keine Art unverhältnismäßig stark vermehrt. Dieses Gesetz stört nicht die Harmonie, sondern bewahrt sie. Dank anderer Lebensformen – sei es pflanzlicher oder tierischer Art – können wir reine Luft atmen, sauberes Wasser trinken und Nahrung zu uns nehmen. In der Tat existieren wir nur dank ihrer Gnade.

Doch keine andere Spezies außer der Mensch zerstört die Natur. Wir rühmen uns unseres Intellekts und verschmutzen dabei die Luft, verfälschen Lebensmittel, ebnen Berge ein und verseuchen Flüsse. Wir leiten giftige Chemikalien in die Gewässer und töten so unzählige Wasserlebewesen. Wir haben viele Vögel, Tiere und Fische bis zur Ausrottung gejagt und viele Wälder abgeholzt. Wir sind allein verantwortlich für die derzeitige Notlage der Natur. Doch

Dankbarkeit leben

trotz der Grausamkeiten, die wir der Natur angetan haben, bietet sie uns weiterhin eine lebensfreundliche Umgebung. Für diese Großzügigkeit sollten wir ihr dankbar sein.

Säge nicht an dem Ast, auf dem du sitzt

Wissenschaftler entwickelten Kunstdünger und Pestizide, um schwerwiegende Nahrungsmittelknappheiten zu bekämpfen und Erträge zu steigern. Sie gaben auch klare Anweisungen zur richtigen Dosierung, da eine Überdosierung die Gesundheit gefährden, die Lebensdauer verkürzen und sogar tödlich sein kann. Doch viele Landwirte, die nur auf hohe Gewinne durch maximale Erträge abzielen, ignorieren diese Anweisungen und setzen chemische Düngemittel und Pestizide wahllos ein.

Während dies kurzfristig profitabel erscheinen mag, führt es langfristig zur Zerstörung, sowohl der Natur als auch der Menschheit. Es ist, als säge man an dem Ast, auf dem man sitzt. Wenn wir versuchen, eine schmutzige Wand zu streichen, haftet die Farbe nicht an der Wand. Ebenso reagiert die Erde irgendwann nicht mehr auf Düngemittel, weil die Mikroorganismen,

Sri Mata Amritanandamayi

die die Bodenfruchtbarkeit fördern, durch den übermäßigen Einsatz von Chemikalien abgetötet wurden. In vielen Teilen der Welt ist der Boden bereits unfruchtbar geworden. Hinzu kommt, dass die Preise für Kunstdünger und Pestizide steigen, was die Landwirtschaft für viele unrentabel macht. Viele Landwirte begehen Selbstmord, weil sie durch geringe Ernteerträge und hohe Kosten in Bedrängnis geraten und keinen anderen Ausweg sehen.

Giftige Gase aus Fabriken verschmutzen die Luft; schädliche Chemikalien verseuchen das Wasser; und Abfälle vergiften den Boden. Unsere unkontrollierte Gier hat die Natur schwer geschädigt.

Amma ist nicht gegen Expansion und Modernisierung. Unsere Wünsche können wir verwirklichen, doch wir sollten uns nur das nehmen, was wir brauchen. Unser egoistisches Interesse an unseren eigenen Bedürfnissen und denen unserer Familie müssen wir aufgeben. Auch zukünftige Generationen haben ein Recht auf diese Erde. Wir müssen erkennen, dass wir mit der Verschmutzung der Erde den Weg für die Zerstörung der Menschheit ebnen.

Dankbarkeit leben

Früher heilte man kleine Wunden an der Hand, indem man Kuhdung darauf auftrug; so heilten sie schnell. Das liegt daran, dass die Kühe früher mit den Getreidehülsen gefüttert wurden, die ohne chemische Düngemittel angebaut wurden und weshalb auch die Hülsen frei waren von chemischen Verunreinigungen. Die Rückstände nach der Ölgewinnung von Sesam-, Kokos- und Erdnüssen wurden auch an die Kühe verfüttert, und auch das Heu war frei von Chemikalien. Damals konnten die Kühe auf saftigen Weiden grasen. Der Dung, Urin und die Milch dieser Kühe hatten medizinische Eigenschaften. Pañchagavya, ein Heilmittel, wurde daraus hergestellt. Heute hingegen werden Kühe mit künstlichem Kraftfutter gefüttert und getrockneten Reisstängeln, denen übermäßig viele chemische Düngemittel und Pestizide zugesetzt wurden. Wie können Milch, Dung und Urin solcher Kühe noch heilsam sein?

Heutzutage hat fast jeder ein eigenes Fahrzeug. Es gibt Familien, in denen alle vier Mitglieder ein eigenes Auto besitzen. Niemand denkt über die Umweltverschmutzung nach, die durch die Abgase dieser Fahrzeuge entsteht. Selbst wenn sie sich dessen bewusst sind, sehen

Sri Mata Amritanandamayi

sie den Umweltschutz oft nicht als eigene Verantwortung an.

Statt allein zu reisen, können wir durch Fahrgemeinschaften Kraftstoff sparen. Weniger Fahrzeuge bedeuten auch weniger Umweltverschmutzung. In einem Viertel mit 4.000 oder 5.000 Bewohnern könnte jemand, der in dieselbe Firma fährt, zwei oder drei Kollegen mitnehmen und sich die Benzinkosten teilen. Sie können sich auch abwechselnd gegenseitig Fahrten anbieten. Dies würde den Verkehr und die Reisezeit verringern, die Zahl der Unfälle reduzieren und neue Freundschaften fördern. Wir müssen nicht Fremden Mitfahrgelegenheiten anbieten, sondern nur Menschen, die wir kennen und denen wir vertrauen. Durch solche Vereinbarungen können wir dazu beitragen, die Harmonie in der Natur zu erhalten.

Die Weitsicht unserer Vorfahren

Die moderne Wissenschaft hat die Erkenntnisse und Weisheiten unserer Vorfahren bestätigt. Sie warnten uns davor, während einer Sonnenfinsternis direkt in die Sonne zu blicken. Stattdessen füllten sie ein großes Gefäß mit Wasser, mischten etwas Kuhdung hinein und betrachte-

Dankbarkeit leben

ten das Spiegelbild der Sonne im Wasser. Heute warnen Wissenschaftler ebenfalls davor, dass der direkte Blick in eine Sonnenfinsternis den Augen schadet. Sie raten uns, eine Sonnenfinsternisbrille zu tragen, wenn wir das tun wollen. Unsere Vorfahren hatten jedoch bereits eine sichere und kostengünstige Methode entwickelt, um eine Sonnenfinsternis zu beobachten, sie haben uns tatsächlich viele Perlen der Weisheit überliefert.

Im Bhāgavata Purāṇa,[8] einem Text aus der Antike, heißt es: „Wälder werden Häusern weichen; Häuser werden zu Geschäften; Menschen werden aufhören, Tempel zu besuchen, und Rauschmittel konsumieren; der Sohn wird den Vater essen, und der Vater den Sohn." Diese Vorhersagen scheinen sich buchstäblich zu erfüllen. Wir haben 70% der Wälder gerodet und dort Wohnhäuser errichtet. Viele Häuser gleichen Läden und die Zahl der Menschen, die von zu

---

[8] Eines der 18 Purāṇas, die auch als *Śrīmad Bhāgavatam* bekannt sind, ist ein Sanskrit-Text, der das Leben, die Taten und die Lehren der verschiedenen Inkarnationen von Lord Viṣṇu (dem Erhalter in der hinduistischen Dreifaltigkeit), vor allem die von Lord Kṛṣṇa, beschreibt.

Sri Mata Amritanandamayi

Hause aus Online-Geschäfte machen, nimmt täglich zu.

Früher suchten die Menschen in Momenten der Trauer Zuflucht bei Gott. Heute wenden sie sich Alkohol und anderen Rauschmitteln zu. Was geschieht heutzutage in religiösen Stätten während religiöser Feste? Die dort dargebotenen Musik-, Tanz- und Theateraufführungen rufen oft niedere Instinkte hervor. Manchmal enden solche Veranstaltungen in verbalen Streitigkeiten oder sogar körperlichen Auseinandersetzungen und bestätigen die Prophezeiung: „die Menschen werden aufhören, Tempel zu besuchen, und Rauschmittel konsumieren". Anstatt im Namen der Religion zu konkurrieren und zu kämpfen, sollten wir versuchen die spirituellen Prinzipien zu verinnerlichen. Dadurch könnten wir geduldiger, liebevoller und mitfühlender werden. Es gibt Berichte von Drogenabhängigen, die ihre eigenen Mütter oder ihre eigenen Kinder angreifen. Wer einmal von Drogen abhängig ist, verliert oft jegliches Gefühl für familiäre Bindungen und schreckt nicht davor zurück, andere anzugreifen oder sogar zu töten. Die zwischenmenschlichen Beziehungen haben einen traurigen Zustand erreicht.

Dankbarkeit leben

Die Purāṇas sagten voraus, dass es im Kali-Yuga nicht mehr möglich sein werde, Männer und Frauen anhand ihres äußeren Erscheinungsbildes oder ihrer Kleidung zu unterscheiden. Auch dies ist Wirklichkeit geworden. Mädchen tragen kurze Haare und Jeans mit Hemden, während Jungen sich lange Haare wachsen lassen.

Amma möchte niemandes Freiheit einschränken. Sie weist lediglich darauf hin, dass sich viele alte Prophezeiungen erfüllt haben. Das Wetter ist unberechenbar geworden. Hitzewellen dauern ungewöhnlich lange an. Sintflutartige Regenfälle können Erdrutsche und Schlammlawinen auslösen, die massive Zerstörungen verursachen.

Es heißt auch, dass im Kali-Yuga kein Funken von Mitgefühl mehr existieren wird und selbst Kühe aufhören werden, Milch zu geben. Diese Worte scheinen sich ebenfalls zu bewahrheiten.

Lernen zu geben

Heute sind wir egoistischer und weniger großzügig geworden. Wir sind mehr daran interessiert, zu nehmen, als zu geben. Selbst beim Zubereiten einer Tasse Tee denken wir: „Muss ich wirklich so viel Milch, Zucker oder Tee verwenden?" Mit

Sri Mata Amritanandamayi

dem alleinigen Ziel, unseren Gewinn zu maximieren, überlegen wir, wie wir die Mengen verringern können, die wir anderen geben. Doch durch eine solche Selbstsucht schaden wir uns letztlich selbst.

Der Glaube unserer Vorfahren war weder blind noch primitiv. Sie lehrten, dass es wichtiger sei, unsere Manaḥsthiti (Einstellung) zu ändern als die Paristhiti (äußere Umstände). Wenn wir uns an veränderte Umstände anpassen, können wir überall glücklich sein. Fehlt uns jedoch diese Fähigkeit, werden wir selbst in klimatisierten Räumen keinen Schlaf finden. Unsere Vorfahren legten gleichermaßen Wert darauf, eine Ausbildung fürs Leben zu erhalten sowie eine Ausbildung, um den Lebensunterhalt zu verdienen. Heute beschränkt sich Bildung weitgehend darauf, berufliche Fähigkeiten zu vermitteln.

Wenn Bildung auf das Wissen über die äußere Welt ausgerichtet ist, können wir die Fertigkeiten erlernen, die nötig sind, um Geld zu verdienen. Doch Geld allein bringt weder Frieden noch Zufriedenheit; nur ein ruhiger Mind kann das bewirken. Spiritualität lehrt uns, wie wir einen ruhigen Mind erlangen und mit den richtigen

Dankbarkeit leben

Werten leben können. Spiritualität lehrt uns, die Vorstellungen von „Ich" und „Mein" loszulassen und die Menschen und andere Wesen in der Schöpfung zu lieben und ihnen zu dienen. Die Ṛṣis (alte Seher) verehrten die gesamte Natur, nicht aus Angst, sondern aus Liebe. Sie betrachteten die Natur mit Dankbarkeit, da alle Lebewesen – von der kleinen Biene bis zum großen Wal – eine lebensfreundliche Umgebung für uns schaffen. Im Gegenzug sollten wir unsere Dankbarkeit durch Ehrfurcht und den Schutz der Natur zum Ausdruck bringen.

In Kerala begann die Landwirtschaft traditionell am Pattām-Udayam, dem zehnten Sonnenaufgang nach Viṣhu[9]. An diesem Tag wurden in jedem Haus Setzlinge gepflanzt. Damayanti-Amma bereitete die Setzlinge für die Pflanzung am Pattām-Udayam vor. Die Sonne gilt an diesem Tag als besonders kraftvoll. Nur wenn die Ernte gut ausfällt, können wir Hunger abwenden – und dafür ist Sonnenlicht entscheidend. Den Bauern war das bewusst und Pattām-Uayam war ein Festtag für sie.

---

[9] Beliebtes Hindufest, das in Kerala gefeiert wird und mit der Frühlings-Tagundnachtgleiche zusammenfällt.

Sri Mata Amritanandamayi

Es gibt weitere Feste, die mit der Landwirtschaft verbunden sind, wie Pongal[10]. Früher waren die Bauern bei ihren landwirtschaftlichen Tätigkeiten hauptsächlich auf das Vieh angewiesen. Māṭṭu-Pongal ist eine Hommage an den Dienst, den das Vieh leistet. Während Makara-Pongal erinnern wir uns dankbar an den Sonnengott, der die Welt schützt, und bieten ihm Pongāla-Naivēdya – einen traditionellen Pudding aus Erntereis, der in Milch und Jaggery gekocht wird – dar. Dankbarkeit sollten wir gegenüber allen haben, die uns helfen, seien es Menschen, Tiere, Vögel, Planeten oder Sterne. Das gleiche göttliche Bewusstsein leuchtet in allen.

Pitṛ-tarpaṇa - Das Gedenken an unsere Vorfahren

Viele behaupten, es sei Aberglaube, Rituale durchzuführen, um verstorbene Vorfahren zu ehren. Stattdessen solle man sich um seine Eltern kümmern, solange sie leben. Natürlich sollten wir sicherstellen, dass es unseren El-

---

[10] Dreitägiges Erntedankfest, zu dem Māṭṭu-pongal und Sūrya-pongal gehören.

Dankbarkeit leben

tern an nichts fehlt und sie liebevoll versorgen. Aber bedeutet das, dass all das, was sie für uns getan haben und all die Entbehrungen, die sie erduldeten, bedeutungslos werden, sobald sie sterben? Was ist falsch daran, ihnen wenigstens einmal im Jahr Respekt zu erweisen? Wer nicht an Rituale für die Verstorbenen glaubt, kann diese als Ausdruck von Dankbarkeit betrachten.

Jedes von unseren Vorfahren formulierte Ritual birgt tiefere Bedeutungsebenen. Kritiker machen sich oft nicht die Mühe, die Rituale zu verstehen. Wie kann ein begrenztes menschliches Wesen die Geheimnisse des Universums begreifen? Um sie zu erkennen, brauchen wir Einsicht. Diese Einsicht gewinnen wir durch ein diszipliniertes Leben; unsere Schriften sind nichts anderes als die Worte solcher Einsichtigen.

Viele fragen sich, welchen Zweck das Ritual des Bali[11] erfüllt. Sein Hauptzweck ist es, unseren Vorfahren für den Körper, den Wohlstand und die Kultur zu danken, die sie uns hinter-

---

[11] Auch bekannt als *Vāvu-bali*, ist es ein heiliges Ritual, das an mondlosen Tagen im Monat *Karkkiṭaka* (Juli - August) durchgeführt wird, um die verstorbenen Seelen der Vorfahren zu besänftigen.

Sri Mata Amritanandamayi

lassen haben. Das Darbringen von Reis wird zu Nahrung für Krähen und Fische und trägt so dazu bei, andere Lebewesen zu erhalten. Nehmen wir an, wir schicken eine E-Mail an jemanden, der in einem abgelegenen Winkel der Welt lebt. Wird sie ihn erreichen, wenn die Adresse korrekt ist? Genauso wird eine konzentrierte, aufrichtige Absicht, einem Verstorbenen zu helfen, diesen Jīva erreichen und ihm zugutekommen. Der Tod ist nicht die endgültige Vernichtung. Er zerstört nur den Körper, der aus den fünf Elementen besteht. Nach dem Tod nimmt ein Jīva einen neuen Körper an, der von Puṇya (Verdiensten) und Pāpa (Vergehen) bestimmt wird, die durch die Taten des vergangenen Lebens erworben wurden.

Viele Begebenheiten beweisen die Existenz der individuellen Seele auch nach dem Tod des Körpers. Angenommen, wir sehen ein Flugzeug abheben und in den Wolken verschwinden. Wenn uns jemand sagt, dass kein Flugzeug am Himmel ist, wissen wir ohne Zweifel, dass es da oben ist. Dass wir jetzt nicht mehr sehen können, was wir vorher deutlich gesehen haben, bedeutet nicht, dass es nicht mehr existiert.

Dankbarkeit leben

Auch wenn der Körper nach dem Tod aufhört zu existieren, bleibt der Jīva bestehen.

Im Rahmen des Bali-Rituals führen die Menschen Annadānam aus, eine heilige Tradition, bei der sie den Armen als Zeichen der Dankbarkeit gegenüber ihren Vorfahren Essen darbringen. Profitiert die Gesellschaft nicht davon? Warum sollte man diese Vorteile ignorieren? Jede der Traditionen und Rituale des Sanātana Dharma hat viele Facetten. Anstatt blind für ihren praktischen Nutzen zu sein, sollten wir uns bemühen, sie respektvoll zu betrachten.

Teiche und Heilige Haine

Viele Menschen halten die Verehrung von Bäumen und Bräuche wie das Umrunden derselben für töricht. Früher gab es in vielen Haushalten Teiche und heilige Haine. Diese Haine wurden als Reich göttlicher Wesen angesehen und verehrt. Diese Haine wurden ehrfurchtsvoll und in einer andächtigen Haltung betreten Sie waren Heimat einer Vielzahl von Bäumen, die die Atmosphäre reinigten. Im Sarppakkāvu, einem Hain, von dem man glaubte, dass er von Schlangen bewohnt war, wurde eine Öllampe angezündet. Dort legte man Nūṛum Pālum Opfergaben – eine

Sri Mata Amritanandamayi

Mischung aus Kurkuma, zartem Kokoswasser und Milch – nieder. Das war kein Aberglaube, sondern ein Ausdruck der Dankbarkeit gegenüber den Schlangen, die die Rattenpopulation kontrollieren. Ohne diese Kontrolle hätten Ratten die Feldfrüchte und Vorräte zerstört. Die Mitglieder der Puḷḷuvar-Gemeinschaft sangen Lobeshymnen für die Schlangengottheiten in den Sarppakkāvus, da man glaubte, die Schlangen mögen diese Musik. Oft wurden Schlangen beobachtet, die in der Nūṛum Pālum-Opfergabe badeten.

Heutzutage gibt es Tierreservate, die gefährdete Tiere, Vögel und andere Lebewesen schützen. Die heiligen Haine von einst erfüllten eine ähnliche Funktion – sie waren Schutzräume für eine harmonische Artenvielfalt und Lebensräume zahlreicher Pflanzen- und Tierarten. Unsere Vorfahren hielten es für unangebracht, auch nur ein Blatt aus einem heiligen Hain unnötig zu pflücken. Sie schadeten weder den Bäumen noch den dort lebenden Tieren, sondern bewahrten diese Vielfalt. Durch ihre Bräuche und Lebensweise vermittelten unsere Vorfahren den kommenden Generationen bewusst, dass der Mensch ein Teil der Natur ist.

Dankbarkeit leben

Die meisten Bäume in den heiligen Hainen hatten heilende Eigenschaften. Der Wind, der durch ihre Blätter strich, reinigte die Luft und wirkte sich wohltuend auf jene aus, die diese Luft einatmeten. Regenwasser aus der Umgebung sammelte sich in den Teichen der Haine, ohne abzufließen. Solche Teiche fungierten als natürliche Wasserspeicher – eine Methode, die heute durch das Anlegen von Regenauffanggruben nachgeahmt wird. Ein Bad in einem Teich in der Nähe eines heiligen Hains ist etwas anderes als eine Dusche im Badezimmer. Die Teiche waren von Pflanzen und Bäumen mit medizinischem Wert umgeben, deren heilende Wirkung die Atmosphäre und das Wasser erfüllte.

Man glaubte auch, dass einige heilige Haine von der Gegenwart des Paradēvata durchdrungen waren - der Familiengottheit, die über Jahrhunderte von den Vorfahren verehrt wurde. Es gab auch den Brauch der Ahnenverehrung, der als Yōgīshvara bekannt ist. Nachdem sie ihre familiären Pflichten erfüllt hatten, widmeten einige Vorfahren ihr Leben einer intensiven und disziplinierten Askese, bis sie diese Welt verließen. Solche Asketen wurden Yōgīshvara genannt.

Sri Mata Amritanandamayi

Die Bewohner des Ortes glaubten, dass die heiligen Haine, Teiche und die göttlichen Wesen in den Hainen sie beschützen. Die Rituale und Opfergaben, die dort durchgeführt wurden, betrachteten sie als Ausdruck von Dankbarkeit. Auch neben Tempeln gab es oft Teiche, in denen die Devotees badeten, bevor sie den Tempel zum Beten betraten. Heute weiß die Wissenschaft, dass Teiche, Brunnen und weitläufige Felder eine wichtige Rolle beim Wasserschutz spielen.

Mit zunehmendem Egoismus begannen die Menschen, Teiche zuzuschütten und heilige Haine zu zerstören. Wälder, die wilden Tieren als Lebensraum dienten, wurden gerodet. Als Folge dringen diese Tiere in menschliche Siedlungen ein und vernichten Ernten. Ohne natürliche Feinde haben sich Ratten und andere Schädlinge stark vermehrt, was zu Ernteausfällen führt. Um dem entgegenzuwirken, greifen Bauern zu Pestiziden. Wissenschaftler manipulieren genetisch Pflanzen. Die gesundheitlichen Auswirkungen solcher Modifikationen müssen ausreichend erforscht werden.

Moderne Futtermittel für Hühner bestehen aus Rezepturen und enthalten Medikamente, die durch chemische Zusätze angereichert sind.

Dankbarkeit leben

Es wurden künstliche Ökosysteme geschaffen, um die Zahl der gelegten Eier deutlich zu erhöhen; doch der Nährwert solcher Eier ist viel geringer als von Eiern aus Freilandhaltung. Ähnliche Methoden werden eingesetzt, um den Milchertrag von Kühen zu erhöhen. Die Enten werden zur Futtersuche in Reisfelder gebracht, die mit giftigen Pestiziden besprüht wurden. In den Eiern dieser Enten wurden Spuren von Gift gefunden. Wir sind nur an der Gewinnmaximierung interessiert. In diesem Streben sind wir bereit, die Gesundheit anderer zu gefährden.

Früher fuhren nur wenige Kanus durch die Backwaters und diese hatten zudem keine Außenbordmotoren. Heute gibt es Hunderte von Kanus und Booten, viele von ihnen mit Dieselmotoren. Das hat zur Folge, dass das Fleisch der Fische und Krabben in den Backwaters nach Diesel schmeckt und riecht. Die Verschmutzung an Land und im Meer treibt viele Lebewesen an den Rand des Aussterbens. Doch kann die Menschheit auf dieser Erde ohne andere Lebewesen existieren?

Die Umweltprobleme, die durch die rasante Zunahme von Plastik und den damit verbundenen Müll entstehen, sind alarmierend. Die Erde

Sri Mata Amritanandamayi

kann den entsorgten Kunststoff nicht abbauen, der Generationen überdauern wird. Damit fügen wir den kommenden Generationen erheblichen Schaden zu.

In der Vergangenheit waren die Wälder außerhalb und die Tempel im Herzen der Menschen. Heute sind die Tempel außerhalb, während unsere Herzen zu einer Wildnis geworden sind.

Alles ist göttlich

Ein paar Leute, die sich rühmten, Rationalisten zu sein, kamen, um Amma zu treffen. Amma sagte ihnen: „Für Amma ist alles in der Natur Gott. In Wahrheit gibt es nichts anderes als Gott. Deshalb lehrt uns unsere Kultur, die Natur zu achten und zu verehren. Menschen wie ihr haben die Idee verbreitet, dass solche Lehren primitiv sind. Infolgedessen haben diejenigen, die früher die Natur ehrten und heilige Haine verehrten, ihren Glauben und ihre Traditionen verloren und der Natur geschadet. Jetzt, wo die Menschen die Notwendigkeit erkannt haben, die Umwelt zu schützen, werden Millionen dafür ausgegeben, Bäume zu pflanzen, Teiche anzulegen und Wälder zu schützen. Es gab keine

Dankbarkeit leben

Abholzung, als die Natur noch verehrt wurde. Wenn ein Baum gefällt werden musste, wählten unsere Vorfahren ein günstiges Datum und eine geeignete Zeit dafür aus – ähnlich, wie ein Hochzeitstermin festgelegt wird. Sie führten eine Pūjā (zeremonielle Verehrung) durch und baten den Baum: „Bitte vergib uns. Wir fällen dich nur aus einer großen Not heraus." Amma hat ihren Vater Sugunacchan oft auf diese Weise beten hören. Ein Baum wurde nur gefällt, wenn es unvermeidlich war. Gleichzeitig pflanzte man Setzlinge, um den Verlust auszugleichen. Der Schutz heiliger Haine und Teiche war ein wesentlicher Bestandteil des Lebens. Es ist diese edle Kultur, die Rationalisten, die sich ihres Intellekts rühmen, als primitiv ablehnen. Jetzt propagieren dieselben Leute die Notwendigkeit, die Umwelt zu schützen."

Das Große im Kleinen sehen

Als Amma ein Kind war, bat Damayanti-Amma sie einmal, fünf Blätter von einem Jackfruchtbaum zu pflücken; die als Löffel für Kañji (Reisbrei) dienten. Als Amma die Blätter pflücken wollte, sah sie einen kleinen, abgebrochenen Ast, an dem nur noch ein Streifen Rinde hing. Daran

Sri Mata Amritanandamayi

hingen etwa 20 Blätter. Amma brachte diesen Zweig zu Damayanti-Amma, die sie mit demselben Zweig schlug. Schließlich sagte sie: „Warum hast du den ganzen Zweig abgebrochen, wenn du nur fünf Blätter brauchtest?" Was Damayanti-Amma sagte, war richtig. Es ist in Ordnung, abgefallene Blätter zu nehmen oder solche, die reif sind und kurz vor dem Abfallen stehen. Aber wenn wir einen Zweig abbrechen, verkürzen wir seine Lebensdauer. Die Blätter hätten die Luft noch einige Tage reinigen können, wenn sie am Zweig geblieben wären. Erst nachdem sie Amma gescholten hatte, erkannte Damayanti-Amma, dass der Zweig bereits abgebrochen war. Trotzdem hat Amma eine wertvolle Lektion gelernt. Noch heute schmerzt ihr Herz, wenn sie jemanden sieht, der unnötigerweise ein Blatt abzupft.

In jenen Tagen fielen beim Fegen des Hofes manchmal ein paar Īrkkili (Besensträhnen) aus dem Besen. Passierte das, kam Damayanti-Amma und sagte: „Du hältst den Besen nicht richtig. Halte ihn mit beiden Händen!" Wenn trotzdem wieder ein Īrkkili herausfiel, nahm sie den Besen, schlug Amma damit und sagte: „Heute fällt ein Īrkkili aus, morgen ein weiterer und in ein paar Tagen hast du keinen Besen mehr!" Sofort

Dankbarkeit leben

spürte Amma in ihrem Herzen: „Was Damayanti-Amma sagt, ist wahr. Der Verlust eines Irkkili nach dem anderen wird zum Verlust des gesamten Besens führen." Damayanti-Amma lehrte Amma also, in einem Irkkili den ganzen Besen zu sehen und nichts als klein oder unbedeutend zu betrachten. Auf diese Weise lehrte sie uns Śhraddhā - volle Aufmerksamkeit bei allem, was man tut.

Beim Mahlen von Zutaten durfte nicht gesprochen werden, damit kein Speichel in die Speisen fiel. Damals benutzten wir trockene Blätter und Kokosnussschalen, um das Küchenfeuer anzuzünden. Der Ruß klebte dann an den Seiten des Topfes und am Deckel. Damayanti-Amma sagte uns: „Bevor ihr den Deckel öffnet, pustet um den Ruß zu entfernen sonst fällt der Ruß in den Topf, wenn man den Deckel öffnet." Damayanti-Ammas Anweisungen dienten dazu, Achtsamkeit bei allen Tätigkeiten zu fördern.

Damals wurde der Reis gekocht, in der Sonne getrocknet und durch ein Sieb gepresst, um die Körner von der Schale zu trennen. Die getrockneten und gekochten Körner wurden zerstampft. Normalerweise fielen beim Dreschen ein paar Körner auf den Boden. Wir hoben sie

Sri Mata Amritanandamayi

auf und legten sie zurück in den Mörser. Wenn Damayanti-Amma sah, dass die Körner herausfielen, schimpfte sie und schlug Amma sogar manchmal. Sie fragte dann: „Kannst du auch nur ein einziges Korn erschaffen? Weißt du, wie viel Bemühungen nötig sind, um ein einziges Korn zu erzeugen? Ein Reiskorn wächst zu einer Pflanze heran, von der wir viele Halme Reis ernten können. Daran müssen wir denken, wenn wir ein einziges Korn sehen."

Dank der Bienen, die die Pflanzen bestäuben, wachsen Gemüse und Obst. Bienen fliegen täglich zwei bis drei Kilometer weit, um Nektar von den Blumen zu sammeln. Früher fanden die Bienen immer den Weg zurück zu ihrem Bienenstock, selbst wenn sie weit umhergeflogen waren. Doch heute haben Wissenschaftler festgestellt, dass sie sich zunehmend verirren und ihre Bienenstöcke nicht mehr erreichen können. Der Hauptgrund für dieses Phänomen ist der Einsatz von Pestiziden, die auf Pflanzen und Blüten gesprüht werden. Beim Sammeln von Nektar aus solchen besprühten Blüten nehmen die Bienen giftige Chemikalien auf, die ihr Gedächtnis zerstören. Sie sind dann nicht mehr in der Lage, zu ihrem Stock zurückzukehren

Dankbarkeit leben

und sterben oft unterwegs. Wenn die Bienen aussterben, werden viele Pflanzen von der Erde verschwinden und wir werden verhungern.

Amma erlaubt ihren Ashramkindern fast nie, frisch erblühte Blumen zu pflücken. Sie hat sie angewiesen, nur Blumen zu pflücken, die bereits abgefallen sind oder kurz vor dem Abfallen stehen. Wenn wir es unterlassen, frische Blumen zu pflücken, können die Bienen Nektar von ihnen sammeln und sich selbst ernähren und die Blumen haben eine längere Lebensdauer. Aus diesem Grund bevorzugt Amma, dass ihre Devotees die Verehrung durch Visualisierung vollziehen. Natürlich wird Amma niemandem, der seinen Lebensunterhalt mit Blumen verdient, verbieten, sie zu pflücken.

Heutzutage zünden viele Menschen, die Honig in Wäldern sammeln, die Bienenstöcke an, um an den Honig zu gelangen, wobei alle Bienen getötet werden. Sie denken nicht über den Schaden nach, den sie der Natur durch das Töten der Bienen zufügen. Früher sammelten die Menschen Honig auf weniger schädliche Weise. Sie schossen Pfeile in den Bienenstock und sammelten den herabtropfenden Honig in darunter stehenden Töpfen. Es gibt so viele

Sri Mata Amritanandamayi

Möglichkeiten, wie man Honig sammeln kann, ohne Bienen zu töten. Doch aufgrund der Selbstsucht und der Grausamkeit in den Herzen der Menschen sind sie nicht geduldig, um Honig auf nicht-destruktive Weise zu sammeln.

Früher sammelte Amma in den Nachbarhäusern die Schalen von Maniok und das Wasser, in dem Reis gewaschen worden war, um die Kühe zu füttern. Eines Abends, als Amma eines dieser Häuser besuchte, sah sie die Kinder hungrig und erschöpft daliegen. Ihre Mutter erklärte: „Heute konnte ich den Kindern nichts zu essen geben. Ihr Vater ist fischen gegangen und noch nicht zurückgekehrt. Er wird etwas mitbringen, wenn er zurückkommt."

Amma fragte: „Warum leihst du dir nicht etwas Geld, um Essen für die Kinder zu kaufen?"

Die Mutter antwortete: „Gestern ist ihr Vater sechs Kilometer zum Haus eines Verwandten gelaufen, um sich Geld zu leihen, aber der Verwandte hatte selbst nichts. In den letzten zwei, drei Tagen konnte mein Mann auch keine Fische fangen."

In dieser Nacht kehrte der Vater sehr spät nach Hause zurück. Im Mondlicht sah er, wie eine Schildkröte am Strand Eier legte. Nach-

Dankbarkeit leben

dem die Schildkröte ins Meer zurückgekehrt war, sammelte der Mann die Hälfte der Eier ein, brachte sie nach Hause und fütterte die Kinder. Die Kinder fragten:

„Vater, warum hast du nicht alle Eier mitgenommen?"

Er antwortete: „Wenn ich alle Eier genommen hätte, wäre die Schildkröte sehr traurig gewesen. Ich habe acht Kinder. Wenn ich euch alle verliere, wie groß wäre dann mein Schmerz? Die Schildkröte empfindet denselben Schmerz. Wenn jedoch wenigstens ein paar Eier schlüpfen, wird ihr Schmerz nicht so groß sein. Als wir nichts zu essen hatten, haben uns die Eier dieser Schildkröte ernährt. Wenn es in Zukunft keine Schildkröten mehr gibt, woher werden wir dann Eier bekommen, wenn wir hungrig sind?"

Selbst inmitten des Hungers dachte der Vater an das Wohlergehen eines anderen Wesens. Heute fangen und exportieren Menschen Schildkröten, die an die Strände kommen, um ihre Eier zu legen. Wir zerstören die zukünftigen Generationen von Schildkröten – und das nur aus Geldgier. Auf diese Weise zerstören die Menschen alles in der Natur.

Sri Mata Amritanandamayi

Früher dachten die Menschen an andere, auch wenn sie selbst leiden mussten. Heute zögern wir nicht, unseren Hunger zu stillen, selbst wenn wir anderen damit Leid zufügen. Diese Einstellung müssen wir ändern, denn sie führt unweigerlich zu unserem Untergang. Eine andere Art durch unser Handeln an den Rand des Aussterbens zu bringen, ist, als ob wir ein Messer in unseren eigenen Körper stoßen. Wir sind nicht getrennt von der Natur. Unsere Vorfahren wussten das und lehrten uns, alle Wesen in der Natur – Pflanzen, Bäume, Tiere und Vögel – zu verehren. Diese Ehrfurcht vor großen und kleinen Lebewesen ist kein bloßer Schein, sondern ein Ausdruck der Dankbarkeit gegenüber der Natur für all die Hilfe, die sie uns leistet. Die Verehrungsformen unserer Vorfahren waren nicht primitiv. Im Gegenteil: wir, die wir der Natur gegenüber keine Dankbarkeit empfinden und sie unablässig schädigen, sind primitiv. Würden wir die Natur verehren, würden wir sie beschützen.

Die Fülle der Dankbarkeit

Es hat keinen Zweck, nur über die Grausamkeiten zu klagen, die wir der Natur zufügen.

Dankbarkeit leben

Um weiteren Schaden zu verhindern, müssen wir bereit sein, viele unserer heutigen Gewohnheiten und Lebensstile zu ändern. Wir müssen die Traditionen unserer Vorfahren mit einem richtigen Verständnis wieder aufgreifen. Sobald uns die gegenseitige Abhängigkeit der Ökosysteme und der außergewöhnliche Dienst, den uns die Natur erweist, bewusst werden, werden wir bereit sein, alles in der Natur zu lieben, zu verehren und zu achten. Jede unserer Handlungen wird die Fülle der Dankbarkeit gegenüber der Natur widerspiegeln. Möge die Menschheit diese Weisheit und Güte im Herzen erlangen. Möge der Allmächtige meine Kinder segnen.

www.ingramcontent.com/pod-product-compliance
Lightning Source LLC
Chambersburg PA
CBHW061958070426
42450CB00011BA/3205